# LES BAIGNEUSES,

OU

## LA NOUVELLE SUZANNE,

Comédie-vaudeville en un acte,

PAR MM.

## VANDERBURCH, A. DE LEUVEN ET DE FORGES,

REPRÉSENTÉE, POUR LA PREMIÈRE FOIS, A PARIS,
SUR LE THÉATRE DU PALAIS-ROYAL,
LE 27 AOUT 1833.

PRIX : 1 FR. 50 C.

PARIS.

## J. N. BARBA, LIBRAIRE,

PALAIS-ROYAL, GRANDE COUR,
DERRIÈRE LE THÉATRE-FRANÇAIS.

1833

<table>
<tr><td>PERSONNAGES.</td><td>ACTEURS.</td></tr>
</table>

CATOIS, premier adjoint du maire, serpent de la paroisse. — M. LEVASSOR.

COQUELIN, deuxième adjoint. — M. LHÉRITIER.

FALAMPIN, garde-champêtre. — M. ALCIDE-TOUSEZ.

L'ESCARGOT, tambour de la commune. — M. BACHELARD.

MADAME CATOIS, femme du premier adjoint. — M<sup>me</sup> DELILLE.

SUZANNE, — M<sup>lle</sup> PERNON.

MADELAINE, — M<sup>lle</sup> ADÈLE.

GOTHON, } jeunes paysannes, — M<sup>lle</sup> AUGUSTINE.

BOULOTTE, — M<sup>lle</sup> BOURGOIN.

TOINETTE, — M<sup>lle</sup> DUCHEMIN.

PAYSANS, PAYSANNES.

GARDES NATIONAUX RURAUX.

La scène se passe près d'un village de Normandie.

S'adresser, pour la musique, à M. Canaux, au théâtre du Palais-Royal.

IMPRIMERIE DE E. DUVERGER,
rue de Verneuil, n. 4.

# LES BAIGNEUSES,

## COMÉDIE-VAUDEVILLE.

<hr>

Le théâtre représente un enclos rustique. A gauche, une palissade en bois, avec une porte charretière ; à droite, un massif d'arbres ; au fond, des roseaux très épais à hauteur d'homme, et dans le milieu un intervalle qui laisse voir la rivière. A gauche, près de la palissade, un gros arbre dont le tronc est creux ; à droite, un banc de pierre.

<hr>

## SCENE PREMIERE.

### SUZANNE, MADELAINE, GOTHON, BOULOTTE, TOINETTE *et* AUTRES JEUNES PAYSANNES.

*(Au lever du rideau, les jeunes filles lavent du linge à la rivière, au fond, et en étendent pour sécher sur les buissons. Suzanne est assise à l'écart, sur le banc à droite.)*

**CHŒUR.**

Air *de la Pauvre fille.*

Travaillons gaîment ;
Car, dans un moment,
Notre journée
S'ra terminée ;
Et, tout au plaisir,
Nous pourrons courir
Et nous divertir
A loisir.

**MADELAINE.**

J'ai lavé ma robe de fête.

**GOTHON.**

Moi, c'joli bonnet.

**TOINETTE.**

Et moi, mon corset.

**BOULOTTE.**

Enfin, v'là ma lessive faite.

TOINETTE.

Mon linge est si blanc
Qu'c'est éblouissant :
Et c'est rassurant,
Car à la maison
Je n'crains pas d'avoir un savon.

CHOEUR.

Travaillons gaîment, etc.

*(Pendant cette reprise, elles ont mis leur linge sur leurs bras.)*

BOULOTTE, *s'approchant de Suzanne.*

Eh ben! dis donc, Suzanne... est-ce que tu ne viens pas avec nous?

GOTHON.

R'gardez-la donc... la v'là plantée là, ni plus ni moins qu'la statue de sainte Dorothée, qu'est sur la place du marché...

TOINETTE, *lui criant à l'oreille.*

Ohé!... Suzanne!... à quoi donc qu'tu rêves?

SUZANNE, *tirée de sa rêverie et faisant un mouvement.*

Hein?...

BOULOTTE.

Pardine!... est-ce que ça se d'mande?...elle rêve à son amoureux... à M. Falampin...

SUZANNE.

Eh ben! est-ce qu'il y a du mal à ça, mam'selle Boulotte?... J'l'aime, moi, ce garçon... et si ça ne dépendait que de moi...

BOULOTTE.

Tu serais madame Falampin.

SUZANNE.

Tout de même... et je dis que ça sonnerait joliment... C'est un homme établi... une autorité... surnuméraire, à la vérité... mais il a la promesse d'être bientôt en pied.

Air : *V'là c'que c'est qu'Maclou.*

De notre canton
C'est le garde-chasse;
Un brave garçon,
Même un peu bonasse :
J'sais ben qu'on en rit,
On s'en moqu' peut être;
Un mari fait l'maître
S'il a trop d'esprit...
J'aim' ben mieux qu'il soit sans esprit,
Moi, ça m'va qu'il n'ait pas d'esprit,
Dans le tête-à-tête
I! n's'ra pas si bête.

Prés d'moi l'on verra
Comm' il s'formera,
  On verra,
  Oui-dà,
Comme il s'formera!

BOULOTTE.

Au fait... c'est un bon garçon, Falampin... il a toujours un tas d'histoires cocasses à vous raconter... il sait tous les cancans du pays.

GOTHON.

Quand il n'en sait pas, il en invente.

TOUTES.

Ah! c'est ben vrai!

SUZANNE.

Eh ben! oui... mais pour l'instant il n'y a pas moyen de songer à notre mariage... Le père Catois, mon tuteur, et ma'me Catois, ma marraine, ne veulent pas en entendre parler... Ils disent comme ça qu'il y a des obstacles majeurs... parce que j'suis mineure...

GOTHON.

T'es bête!... émancipe-toi alors... t'as l'droit... J'sais ça, moi... Dans l'temps, mon oncle Grichard, qu'était aussi mon tuteur, voulait contrecarrer mes inclinations... J'ai été consulter mon petit cousin, qui est clerc d'huissier à la ville... il m'a émancipée tout d'suite...

SUZANNE.

Tiens! au fait... c'est une idée que tu me donnes là... J'en parlerai à Falampin.

BOULOTTE, *remontant un peu la scène.*

Chut!... Est-ce que tu n'as pas entendu du bruit?

TOUTES.

Non, rien.

BOULOTTE.

Il m'a semblé... Dame!... savez-vous que cette fontaine des Aulnais c'est ben désert, et que, depuis huit jours, on ne parle que d'un loup-garou?

TOUTES.

Un loup-garou!

MADELAINE.

C'est vrai, j'en ai encore rêvé c'te nuit... Allons-nous-en, hein?...

SUZANNE.

On dit même que Micheline l'a vu...

GOTHON.

J'crois ben... elle l'a rencontré à l'entrée du bois; il l'a embrassée...

TOUTES.

Ah! mon Dieu!

SUZANNE.

Il paraît qu'il est affreux... il ressemble au père Catois!...

BOULOTTE.

Eh ben! non... Julienne, qui l'a vu aussi, dit qu'il est brè-che-dent, comme monsieur Coquelin, le second adjoint.

TOINETTE.

Tenez!... tout ça n'est pas rassurant... Ramassons not' linge, et partons.

SUZANNE.

Au contraire... profitons du moment... Il fait si chaud... l'eau est excellente... baignons-nous!...

GOTHON.

Par exemple!... il fait trop grand jour... Si quelques garçons rôdaient par ici?...

MADELAINE.

Ils sont si malins!

TOINETTE

Et si curieux!

SUZANNE.

Eh bien! écoutez... Ce soir, à la brune, nous viendrons toutes en cachette, sans le dire à personne, et nous ferons une bonne partie.

TOUTES.

Oui, oui! c'est ça!

BOULOTTE, *remontant encore.*

Ah! pour le coup, j'ai entendu marcher... (*Elles se serrent toutes les unes contre les autres.*)

# SCENE II.

LES JEUNES FILLES, FALAMPIN.

FALAMPIN, *paraissant à la porte de l'enclos, à gauche.*

S't!... s't!... s't!...

BOULOTTE.

Tiens, c'est justement ton Falampin.

TOUTES.

Bonjour, monsieur Falampin!... Comment que ça va, mon-sieur Falampin?...

FALAMPIN.

La Catois est-elle là?

SUZANNE.

Eh! non... avance donc!

FALAMPIN.

Oh! Dieu!... c'est que j'la crains comme le feu, la Catois!...

Bonjour, les jeunesses, les petites mérottes... Dieu de Dieu !
sont-elles gentilles !... Bonjour, Suzanne ; bonjour, Gothon ;
bonjour, Boulotte... J'étais t'en train de faire ma tournée dans
les vignes ; j'ai dit, ma foi, j'vas donner un coup d'pied jusqu'au lavoir des Aulnais ; j'y trouverai ma petite Suzanne et
toutes ces demoiselles ; nous rirons un brin... (*pinçant Boulotte.*)
Oh ! les jeunesses !...

BOULOTTE.

Finissez donc, monsieur Falampin, vous me faites mal.

FALAMPIN.

Elle est chatouilleuse, la Boulotte... Ah ! dites donc, à propos, vous n'savez pas ?...

TOUTES.

Quoi donc ?... quoi donc ?...

GOTHON.

Encore quelque bonne farce ?

FALAMPIN.

Une fameuse, allez... Vous savez ben, le père Bilois, mon
parrain ?. .

TOUTES.

Oui !

FALAMPIN.

Eh ben ! il est mort !

GOTHON.

Ah! ce pauvre homme !

FALAMPIN.

Pas vrai, qué malheur ?... A quatre-vingt-neuf ans et onze
jours... une mort prématurée l'a enlevé à sa famille...Bon père,
bon époux, bon citoyen... parfait garde national... à la vérité,
il était méchant comme un âne rouge... Mais c'est sa maladie
qu'était *bizarde*, à c't'homme... Figurez-vous... ça va vous
sembler drôle !... figurez-vous qu'il avait deux corbeaux dedans
le corps.

TOUTES.

Deux corbeaux ?

SUZANNE.

Vivans ?

FALAMPIN.

Je n'sais pas au juste... mais ce qu'il y a de sûr, c'est que
ce n'était pas deux roquets de corbeaux, deux *corbotins*...c'était
deux forts corbeaux.

GOTHON.

Allons donc, c'est impossible !

FALAMPIN,

Impossible ! que c'est Bourdon le sonneur qui me l'a dit...
Il le savait par la garde-malade, qui l'avait entendu dire au
médecin qui a soigné mon parrain Bilois.

BOULOTTE.

Eh ben! moi, je n'en crois rien.

TOUTES.

Ni moi! ni moi!

FALAMPIN.

Sont-elles étonnantes!... Quand j'vous dis...

GOTHON.

Laisse-nous donc tranquilles, avec tes deux corbeaux... Ah! ça, mesdemoiselles, v'là l'soleil qui baisse, il est temps de nous en aller... Viens-tu, Suzanne?

SUZANNE.

Je n'peux pas encore... j'ai flâné: faut que j'finisse mon linge.

BOULOTTE, *bas à Suzanne.*

Eh ben... à tantôt... au lavoir.

SUZANNE, *de même.*

C'est ça... sur le coup de sept heures.

BOULOTTE, *donnant un coup de battoir à Falampin.*

Adieu, grand farceur.

TOUTES, *le poussant.*

Adieu, monsieur Falampin.

FALAMPIN, *leur faisant des niches.*

Adieu, les jeunesses... (*Il rit.*) Ah! ah! ah!

(*Toutes les jeunes filles mettent sur leurs têtes leurs baquets remplis de linge.*)

CHOEUR.

Air *de la Pauvre fille.*

Ça, partons gaiment;

Car, pour le moment,

Notre journée

Est terminée;

Et, tout au plaisir,

Nous pouvons courir

Et nous divertir

A loisir.

(*Elles sortent toutes par la porte charretière.*)

# SCENE III.

FALAMPIN, SUZANNE.

FALAMPIN.

C'est ben aimable à vous tout de même, mam'selle Suzanne, d'être restée comme ça pour jaser un peu avec moi.

SUZANNE.

Ah! ben oui; c'est pas pour ça que je suis restée, et je vous prie même de vous en aller, car si madame Catois vous voyait...

FALAMPIN.

Quand elle me verrait, la Catois, c'est-il vot' mère, vot' tante ? elle ne vous est de rien du tout.

SUZANNE.

C'est-à-dire, de rien du tout ; c'est la femme de mon tuteur.

FALAMPIN.

Votre tuteuse...

SUZANNE.

Mon tuteur, monsieur Catois...

FALAMPIN.

L'adjoint du maire, et le serpent de la paroisse ; un vieux sournois qu'j'haïs. Oh ! je l'haïs... s'il n'y avait plus que le père Catois et moi sur la terre, le monde serait bientôt fini.

SUZANNE.

Quoi qu'il vous a fait, c't'homme ?

FALAMPIN.

Quoi qu'il m'a fait ? Ah ! elle est bonne : d'abord, il n'veut pas que je vous épouse ; bon !... ensuite, il m'a donné un coup de sabot dans le *trébia*, l'autre jour que je causais avec vous dans la grange ; bon, encore ! (*montrant sa jambe.*) je l'ai toujours là, son coup de sabot ; ensuite...

SUZANNE.

Ensuite ?...

FALAMPIN.

Ensuite... suffit.

SUZANNE.

Non, expliquez-vous.

FALAMPIN.

Ensuite... il y a qu'il vous fait la cour.

SUZANNE.

Lui ! le père Catois, un homme d'âge...

FALAMPIN.

L'âge n'y fait de rien, Suzanne ; on voit des volcans sous la cendre, et l'amour sous des cheveux blancs.

SUZANNE.

Le père Catois est si respectable...

FALAMPIN.

Respectable !... le serpent ! c'est possible ; il est même vénérable : il a des cheveux blancs superbes ; mais c'est un vieux scélérat. Je suis ben sûr de ce que je dis, Suzanne ; il a des idées de dessus vous, et il n'est pas le seul.

SUZANNE.

Comment ! pas le seul ?

FALAMPIN.

Certainement ; son intime le père Coquelin, autre ganache très respectable... il ne vous en conte pas aussi peut-être...

SUZANNE.

Si on peut dire...

FALAMPIN.

Oui, on peut dire... Écoutez, Suzanne, si vous m'aimez réellement, permettez-moi de vous dérober un baiser.

SUZANNÉ.

Par exemple!...

FALAMPIN.

J'm'ai rasé à c'matin.

SUZANNE.

Finissez, Falampin, ou je m'fâche.

FALAMPIN.

A-t-on jamais vu une sauvage comm' ça ? et vous voulez que je croie que vous m'aimez, quand vous me refusez un pauvre baiser, quand vous n'me donnez plus seulement une malheureuse gifle ! Ah ! Suzanne, Suzanne ! (*Il sanglote.*)

SUZANNE.

Oh ! ce pauvre garçon, il pleure !... Falampin !

FALAMPIN, *boudant.*

Non.

SUZANNE, *lui donnant une tape.*

Gros bêta !

FALAMPIN, *enchanté.*

Ben vrai !

SUZANNE, *le tapant de nouveau.*

Eh ! oui. (*Elle rit bruyamment.*) Ah ! ah ! ah !

FALAMPIN, *de même.*

Ah! ah ! ah !

SUZANNE.

Air *du Futur de la grand'maman* (Blangini).

D'notr' rapatriage
Que c'te taloch'-là
  Soit le gage ;
Vois si j'te ménage,
Tiens... encor cell'-là...
Faut qu'dans not' ménage
Tout finiss' comm' ça ;
  Et voilà.
Faut qu'dans un bon ménage
Tout finiss' comm' ça.

ENSEMBLE.

Ah! ah ! ah! etc.

**FALAMPIN.**

*Méme air.*

De ta main chérie
Les coups sont bien doux ;
Chère amie,
Tape encor, j'l'en prie :
Tes coups sont si doux !
C'est ainsi qu'au village
Tout finit galment,
Oui, vraiment,
C'est ainsi qu'au village
S'fait l'raccommod'ment.
Ah ! ah ! ah ! etc.

**TOUS DEUX** *se donnent des tapes et rient aux éclats.*

Ah ! ah ! ah ! ah ! (*Falampin embrasse Suzanne ; madame Catois
paraît par la gauche.*)

# SCÈNE IV.

**LÈS MÊMES, MADAME CATOIS.**

**MADAME CATOIS,** *s'avançant au milieu d'eux.*

Eh ben ! eh ben ! ne vous gênez pas ; qu'est-ce que tu fais là,
grand flandrin ?

**FALAMPIN.**

J'vas vous dire, ma'me Catois : j'étais là... j'passais... et puis,
sans le faire exprès, j'ai rencontré mam'selle Suzanne. C'est
l'hasard, allez.

**MADAME CATOIS.**

C'est bon ! c'est bon ! je le dirai à notre homme.

**FALAMPIN.**

Pardine ! est-ce que ce n'est pas ici un endroit public ? j'peux
ben y venir.

**MADAME CATOIS.**

Public, public... ça n'est pas sûr ; les garçons viennent toujours ici déranger les filles ; j'ai fait des plaintes à mon mari,
et il m'a promis d'y mettre bon ordre. (*On entend le tambour.*)

**FALAMPIN.**

Tiens, qu'est-ce que c'est que ça ? (*regardant.*) C'est l'Escargot, le tambour de la commune avec tout le village.

# SCENE V.

LES MÊMES, L'ESCARGOT, SUZANNE, MADELAINE, GOTHON, TOINETTE, BOULOTTE, PAYSANS.

**CHOEUR.**

*Air de la Muette.*

Accourons tous ; que nous veut-on ?
C'est une proclamation !
Écoutons bien ce qu'on dira ,
Ensuite on s'y conformera.
Écoutons bien ,
Ne disons rien.

*(L'Escargot exécute un roulement de tambour, Falampin fait ranger les paysans en faisant le moulinet avec le fourreau de son sabre.)*

**FALAMPIN.**
Allons, tambour, commençons !
**L'ESCARGOT.**
Ah ! ben oui, mais il y a une difficulté.
**FALAMPIN.**
Qu'est-ce, tambour ?
**L'ESCARGOT.**
Vous savez bien qu'je n'sais pas lire.
**FALAMPIN.**
Et c'est fonctionnaire public ! Allons, donne-moi ça, je vas lire à ta place, brute ! *(Il lui arrache le papier des mains et lit :)*
« De par monsieur le maire, ouï les plaintes qui nous ont été faites par plusieurs de nos chers administrés, sur le relâchement des mœurs de cette commune, et sur l'immoralité de la population masculine de l'endroit ; considérant que les garçons viennent sans cesse déranger les jeunes filles dans leurs occupations domestiques, et surtout au lavoir des Aulnais ; d'où il résulte que, depuis la Saint-Jean d'été, la paroisse se trouve grevée de sept orphelins anonymes ; avons arrêté et arrêtons ce qui suit : A dater de ce jour, il est défendu, sous les peines les plus sévères, à tout individu mâle, quels que soient son âge et son rang dans la société, de pénétrer, après le soleil couché, dans l'enclos qui entoure le lavoir des Aulnais, lavoir exclusivement réservé aux personnes du sexe, soit qu'elles y fassent la lessive, soit qu'elles s'y livrent aux plaisirs du bain.
« Pour le maire absent,           *Signé* CATOIS,
« Premier adjoint, serpent de la paroisse, donne des leçons de chant à trois sous le cachet ; COQUELIN, deuxième adjoint, bedeau, tient magasin d'épiceries, faïence, miel de Narbonne,

charcuterie, clouterie et autres comestibles. » (*L'Escargot fait un roulement de tambour.*)

LES PAYSANS, *murmurant.*

Ah ! ah !

MADAME CATOIS.

Ça vous fait murmurer, vous autres ? c'est bien fait.

TOUTES LES FEMMES.

Oui, c'est bien fait !

FALAMPIN.

Laissez donc tranquille ! un arrêté sur les bains ça tombera dans l'eau.

MADAME CATOIS.

Ah! vous croyez ça. Eh bien! pour commencer, on va l'afficher ici. (*Elle indique l'arbre creux à l'Escargot, qui va attacher l'écrit.*)

FALAMPIN.

Qu'est-ce que ça fait? on leur z'obéit joliment aux arrêtés du père Catois; témoin son dernier sur les z'hannetons, quand il a mis leurs têtes à prix : huit sous le boisseau... qu'est-ce que ça a produit? ça les a irritées ces bêtes; et puis, qu'est-ce qui est arrivé ?...

TOUS.

Quoi donc ?

FALAMPIN.

Comment ! vous n' savez pas? ça a été mis sur le journal : le sous-préfet... vous vous rappelez bien, ce grand maigrot, avec un ruban rouge et une figure jaune, qu'est venu dernièrement pour la conscription ? eh ben ! en s'en allant à cheval par la forêt... dévoré.

TOUS.

Oh !

FALAMPIN.

Dévoré de fond en comble...

MADAME CATOIS.

Mais par qui ?

FALAMPIN.

Par les z'hannetons... On n'a retrouvé que sa croix-d'honneur.

TOUS, *riant.*

Ah ! ah! ah ! ah !

FALAMPIN.

Oui, riez... Enfin, c'est si vrai que son ame... l'ame de ce malheureux sous-préfet revient tous les soirs sous les formes les plus z'hideuses... Je l'ai vue et je soupçonne que c'est ce même loup-garou qui infecte la commune depuis huit jours.

TOUS, *avec effroi.*

Le loup-garou !...

L'ESCARGOT.

Ah! c'est des bêtises...

**FALAMPIN.**

Est-il drôle, celui-là!.... il ne croit pas aux loups-garous....
mais on le voit tous les soirs ; et c'est pas le premier qui s'montre dans l'pays...

L'ESCARGOT.

Ça n'empêche pas que celui d'ici n'a qu'à bien s'tenir.

**FALAMPIN.**

Oh! ça, oui... tout le village est ben décidé à l'exterminer.

L'ESCARGOT.

Et il ne nous échappera pas ; on le guette, et au moindre si-
gnal je bats la générale.

**FALAMPIN.**

Toute la force armée sera sous les armes ; nous avons dix-huit
hommes de garde nationale, et il sera détruit comme une bête
*velimeuse*.

**MADAME CATOIS.**

Ah ça, mes enfans, il se fait tard ; il est temps de se confor-
mer à l'arrêté de mon mari.

**FALAMPIN**, *avec humeur.*

Ah! l'arrêté...

**MADAME CATOIS.**

Allons, mam'selle Suzanne, rentrez à la maison.... et surtout
que je ne vous voie plus causer avec ce grand vaurien-là. ( *bas
à Falampin.*) Toi, reste ici, j'ai à te parler.

**FALAMPIN**, *à part.*

Tiens, tiens, tiens, qu'est-c'qu'elle peut me vouloir, la Catois?

**CHŒUR.**

Air *de Crédeville.*

Vite, il faut partir!

A c'l'arrêté bien en forme

Qu'on se conforme!

On saurait punir

Ceux qui voudraient désobéir.

(*Tout le monde sort, excepté Falampin et madame Catois.*)

# SCENE VI.

### FALAMPIN, MADAME CATOIS.

**MADAME CATOIS.**

Eh bien! Falampin, te voilà tout triste à présent!

**FALAMPIN**

Pardine! faudrait peut-être que j'sois gai quand vous tra-
cassez mes inclinations, quand vous corrompez mon existence.

MADAME CATOIS.

Comment! tu ne vois pas que j'agis dans ton intérêt, imbécile ?

FALAMPIN.

En v'là une solide, par exemple...

MADAME CATOIS.

Tu veux te marier?... mais tu ne sais pas ce que c'est que le mariage... Ah! pour mon compte, si c'était à recommencer...

FALAMPIN.

Vous!... vous recommencereriez...

MADAME CATOIS.

Oh! pour ça non.

FALAMPIN.

Au fait, c'est possible; vous avez épousé un orang-outang.

MADAME CATOIS.

Dis donc, si tu voulais bien ne pas parler comme ça d'un premier adjoint...

FALAMPIN.

Votre premier adjoint... comme autorité, je le respecte ; mais comme homme, je le trouve ignoble.

MADAME CATOIS.

Le fait est qu'il ne te ressemble guère.

FALAMPIN.

Je crois ben... d'abord, je jouis de toutes mes dents... tous...

MADAME CATOIS.

T'es pas mal, toi...

FALAMPIN.

Ah! pour un homme seul...

MADAME CATOIS.

Aussi, toutes les filles te reluquent, te font des agaceries.

FALAMPIN.

Je suis assez couru, c'est vrai... J'ai pas à me plaindre.

MADAME CATOIS.

Eh bien! une fois marié, on ne ferait plus attention à toi. D'ailleurs, cette petite Suzanne n'est pas du tout ton fait.

FALAMPIN.

Tiens! je trouve qu'elle me va comme un gant.

MADAME CATOIS.

Elle est si simple...

FALAMPIN.

Pour ça, elle n'est pas si futée que vous.

MADAME CATOIS.

En regardant autour de toi, tu peux trouver beaucoup mieux que ça.

FALAMPIN, *regardant.*

Où donc ça?... où donc ça ?...

MADAME CATOIS.

Une femme aimable, spirituelle...

**FALAMPIN,** *à part.*

Tiens, tiens! elle m'assassine avec ses yeux, l'adjointe.

**MADAME CATOIS.**

Une femme qui serait ton guide, ton amie.

**FALAMPIN,** *à part.*

J'te vois venir... j'te vois venir.

**MADAME CATOIS.**

Je n'ai pas le temps de t'en dire davantage... faut que j'aille tremper la soupe à monsieur Catois; mais tantôt je reviendrai ici chercher mes draps qui seront secs, et alors...

**FALAMPIN.**

Et alors je viendrai vous aider, ma'me Catois.

**MADAME CATOIS.**

C'est dit... à la tombée de la nuit... Adieu, Falampin.

**FALAMPIN.**

Adieu, ma'me Catois.

**MADAME CATOIS.**

Adieu, mon petit Falampin. (*Elle lui prend le menton et sort par la droite ; Falampin la regarde s'en aller.*)

# SCENE VII.

### FALAMPIN, *seul.*

Adieu, ma'me Catois. Oui, va, si tu crois que je t'écoute... enjôleuse!... c'est égal... faut voir, ça pourra peut-être avancer mon mariage avec Suzanne; et puis, au fait...

AIR : *C'est le gros Thomas.*

Je l'avoue ici ,

La Catois a de la prestance ;

Et d'son gueux d'mari

Je voudrais ben tirer vengeance;

Car enfin j'lui r'dois

L'coup d'sabot d'l'autr' fois.

Près d'sa femm' j'veux montrer d'l'audace,

Afin d'pouvoir lui dire en face :

(*parlé.*) Ah! ah! père Catois... (*finissant l'air.*)

Vous m'avez battu ,

Moi, j'vous ai fait...

Ah! le v'là... avec le père Coquelin... je m'sauve... (*Il sort en courant, passe entre Catois et Coquelin et les fait pirouetter.*)

# SCENE VIII.

### CATOIS, COQUELIN.

CATOIS, *trébuchant.*

Qu'est-ce que c'est? qu'est-ce que c'est?... Avez-vous senti, compère Coquelin?...

COQUELIN.

C'est un coup de vent, compère Catois.

CATOIS.

C'est plutôt quelque bête sauvage que nous avons effrayée. ( *à part.* ) Que vient-il faire ici? Est-ce qu'il se douterait du rendez-vous des petites baigneuses?

COQUELIN, *à part.*

Ce Catois est toujours sur mes talons, c'est désagréable. S'il savait que nos jeunesses vont venir ici!

CATOIS.

Eh bien! dites donc, père Coquelin, notre arrêté a fait merveilles... Voyez, il n'y a pas un garçon au lavoir.

COQUELIN.

Je crois bien; il n'y a pas une fille. Qu'est-ce qui attire les garçons? c'est les jeunes filles.

CATOIS.

Ah! dame, c'est qu'elles sont appétissantes, nos jeunesses... l'esang est superbe dan s notre endroit.

COQUELIN.

Ah! ah! vous vous en êtes aperçu, mon compère?

CATOIS, *riant.*

Eh!... eh!

COQUELIN, *le poussant en riant aussi.*

Vieux roué !

CATOIS.

Et vous donc... voyons, parlez-moi franchement, compère, laquelle que vous préférez?

COQUELIN.

Est-ce que ça se demande?... C'est Suzanne.

CATOIS.

Suzanne !... ma pupille?... Dites donc, compère, je suis sur les rangs aussi.

COQUELIN.

Vous !... un homme marié... Au moins, moi, j'ai la douceur d'être veuf.

CATOIS.

Tiens ! je peux avoir comme un autre le bon... le malheur de perdre mon épouse... et alors...

COQUELIN.

Écoutez, compère, nous autres autorités, nous avons besoin

d'être unis. Il ne faut pas que notre rivalité nous brouille ; agissons chacun de notre côté auprès de Suzanne, faisons assaut de galanterie, de séduction ; la victoire sera au plus aimable.

CATOIS.

Ça va, compère.

SUZANNE, *appelant du dehors.*

Monsieur Catois !

CATOIS.

Justement la voilà : les hostilités commencent.

COQUELIN, *à part.*

Le vieux fou !

# SCENE IX.

LES MÊMES, SUZANNE.

SUZANNE.

Eh ben ! monsieur Catois, v'là une heure que j'vous cherche. Votre femme vous attend pour manger la soupe.

CATOIS, *riant.*

Eh ! eh ! friponne, est-ce que j'ai de l'appétit auprès de toi ?

AIR : *Les pêcheurs de toutes nos rades* ( Mazaniello ).

Un repas, la meilleure chère,

A présent, ne peuv'nt m'engager,

Car, en songeant à toi, ma chère,

J'en perds le boire et le manger.

Pour moi, te voir, oui, je le jure,

Est un régal délicieux ;

J'ai faim de ta joli' figure,

Et j'ai soif de tes beaux yeux.

COQUELIN, *à part.*

Est-il entraînant, ce scélérat de Catois !

SUZANNE.

Allons, encore vos bêtises. (*Elle se tourne et se trouve face à face avec Coquelin, qui la regarde tendrement.*) (*à part.*) Bon ! v'là l'autre ! Dieu ! sont-ils laids !

CATOIS.

Tu seras donc toujours méchante ? (*Il lui prend le menton.*)

COQUELIN, *la pinçant.*

Petite poulette !...

SUZANNE.

A bas les mains ! N'vous échauffez donc pas ; ça vous donnerait la grippe.

CATOIS.

Elle est ravissante !

COQUELIN.

Air : *Jeune fille aux yeux noirs.*
Jeun' fille aux yeux châtains , ton regard m'ensorcelle.

CATOIS.

Si tu voulais m'aimer , je ferais ton bonheur.

COQUELIN.

Un casaquin tout neuf...

CATOIS.

Un bonnet de dentelle...

TOUS DEUX.

Voilà c'que j't'offrirais en échang' de ton cœur.

## ENSEMBLE.

| SUZANNE , *seule d'abord.* | CATOIS *et* COQUELIN. |
|---|---|
| D'vos promesses, | D'nos promesses, |
| D'vos richesses | D'nos richesses |
| Je me ris | Ell' se rit |
| Et j'me dis : | Et se dit : |
| La jeunesse, | La jeunesse, |
| La tendresse, | La tendresse, |
| Je l'sens là , | Je l'sens là , |
| Val'nt mieux qu'ça. | Val'nt mieux qu'ça. |

COQUELIN.

Jolie tigresse...

CATOIS.

Suzanne , réfléchis donc.

SUZANNE.

Ecoutez... si vous voulez être bien avec moi, il y a un moyen.

TOUS DEUX.

Quel est-il ?

SUZANNE.

C'est de ne plus persécuter Falampin, et de faire quelque chose pour lui... Il y a assez long-temps qu'il est surnuméraire.

COQUELIN.

Qu'en dites-vous, compère ?

CATOIS.

Je dis que Falampin est un libéral, un drôle.... qui ne sait quoi s'ingérer contre les autorités.

COQUELIN.

Cependant si la jolie Suzanne voulait promettre d'être un peu reconnaissante...

CATOIS.

Ah!... alors si elle veut promettre...

SUZANNE.

Dame ! c'est selon...

Air : *Quel repas!* ( Semaine des amours. )
Au revoir,      (*bis.*)
Songez-y bien , tenez votre promesse;
Au revoir,      (*bis.*)
De Falampin il faut combler l'espoir.

CATOIS , *bas*.

A c'prix j'obtiendrais ta tendresse?

COQUELIN, *de même*.

A c'prix, mignonn', tu m'aimerais ?

TOUS DEUX, *à part*.

Pour moi la charmante maîtresse !

SUZANNE.

Cédez d'abord, j'verrons après.

*ENSEMBLE.*

SUZANNE.

Au revoir, etc.

CATOIS *et* COQUELIN.

Au revoir!
Nous songerons à remplir not' promesse ;
Au revoir!
De la séduir' je conserve l'espoir.

( *Elle sort en courant, par la droite.* )

# SCENE X.

## CATOIS, COQUELIN.

COQUELIN.

Eh bien ! compère, nous voilà joliment avancés !

CATOIS.

Laissez donc... le premier coup est porté. (*à part.* ) Elles vont venir... si je pouvais rester seul ici?

COQUELIN, *à part*.

Le moment approche... si je pouvais m'en débarrasser?

CATOIS.

Ma foi, compère, tout bien calculé, si vous m'en croyez, voilà le serein... nous rentrerons chacun chez nous.

COQUELIN.

Eh bien ! parole d'honneur, j'allais vous le proposer.

CATOIS.

Je vas aller faire mon cent de piquet chez monsieur le curé.

COQUELIN.

J'irai vous y retrouver, compère, à huit heures... huit heures et demie... Sans adieu, compère Catois.

CATOIS.

Au revoir, compère Coquelin... au revoir.

(*Coquelin sort par la droite ; Catois a l'air de sortir du côté opposé, mais il rentre aussitôt qu'on ne voit plus Coquelin.*)

## SCENE XI.

### CATOIS, *seul.*

Bon! le voilà bien loin...il ne se doute de rien...nos jeunesses vont arriver... Il fait chaud; la soirée est belle... je serai aux premières loges pour les voir. (*Il montre l'arbre creux.*) Ah! ce n'est pas pour rien que je suis serpent de la paroisse.

AIR de Doche.

Je suis serpent;      (*bis.*)
Dans le village on me renomme
Pour la finesse et le talent ;
Je peux bien m'adjuger la pomme,
Je suis serpent,      (*bis.*)
Je suis un bien adroit serpent.

DEUXIÈME COUPLET.

Je suis serpent,
Et je me glisse auprès des belles ;
Par mon langage insinuant
Je sais tenter les plus rebelles,
Je suis serpent.
Je suis un scélérat d'serpent.

(*On entend des cris au dehors.*)

Les voici!...cachons-nous. (*Il se cache dans le creux de l'arbre.*)

## SCENE XII.

CATOIS, *caché ;* COQUELIN, *revenant par la gauche et se glissant furtivement derrière l'arbre creux.*

COQUELIN.

Le père Catois a décampé... voilà nos jeunesses qui accourent... vite à mon observatoire. (*Il monte à l'arbre creux.*)

## SCENE XIII.

CATOIS, *dans le creux de l'arbre,* COQUELIN, *monté dessus,* MADELAINE, BOULOTTE, TOINETTE, GOTHON, JEUNES PAYSANNES.

CHŒUR.

AIR : *Ronde des Faneuses* (Mad. Duchambge).

Bonnes travailleuses,
L'ouvrage est fini ;

Libres et joyeuses,
Accourons ici.
Livrons-nous sans crainte
Au plus doux loisir ;
Après la contrainte
Trouvons le plaisir.
Joyeuses compagnes,
Chantons et dansons ;
L'écho des montagnes
Redit nos chansons.

# SCENE XIV.

LES MÊMES, **FALAMPIN**, *accourant avec* SUZANNE, *qui lui donne le bras.*

TOUTES.

Un garçon ici !...

CATOIS, *à part.*

Un délinquant !

COQUELIN, *à part.*

Un hardi coquin !

FALAMPIN.

De quoi ?... de quoi ?... avez-vous peur que j' vous mange ?... Est-elle criarde, c'te Boulotte !... parc' que j'ai accompagné un brin Suzanne qui avait peur...

GOTHON.

Vous savez ben qu' c'est défendu.

TOUTES.

Allez-vous-en !

FALAMPIN.

C'est bon ! c'est bon ! on s'en va... ( *revenant.* ) Ah ! dites donc ?... à propos ?...

CATOIS, *à part.*

Le drôle ne s'en ira pas !

FALAMPIN.

C'est rapport aux corbeaux d'à c' matin... Vous savez, la maladie du père Bilois ?... je m'suis informé... le père Bourdon avait menti.

BOULOTTE.

Là !... j'en étais ben sûre.

FALAMPIN.

Pardine !... quelle bêtise !... deux corbeaux dans le corps d'un homme !... comme si c'était possible... Il n'y en avait qu'un... un seul ; c'est bien différent.

TOUTES.

Ah ! bah !

BOULOTTE.

Tu rêves avec tes corbeaux.

FALAMPIN.

Est-elle superstitieuse, c'te Boulotte!... ell' n' croit à rien. Superstitieuse, va...

TOUTES.

Ah! çà... t'en iras-tu à la fin?

FALAMPIN.

Eh ben! oui... oui... je file... (*Il s'en va et revient.*) Ah! dites donc... à propos?...

TOUTES.

Ah! c'est trop fort!... A la porte!... à la porte!... (*Elles le poussent.*)

FALAMPIN.

Dites donc, j'vas quérir mon fusil... et si le loup-garou vient vous *vesquer*... donnez l'alarme... nous serons là tout prêts... (*Il sort par la porte à gauche.*)

# SCENE XV.

### LES MÊMES, *excepté* FALAMPIN.

CATOIS, *à part.*

Que le diable l'emporte, avec son fusil!

COQUELIN, *à part.*

Pourvu qu'on ne nous découvre pas...

TOINETTE.

Pour plus de sûreté, je ferme la porte et je prends la clé.

(*Elle ferme la porte à gauche.*)

SUZANNE.

Ah! c'est gentil!... nous v'là entre nous.

GOTHON.

C'est vrai, tout d' même... il n'est pas trop bête l'arrêté de nos deux adjoints.

CATOIS, *à part.*

On fait l'éloge de mon administration.

SUZANNE.

Ah!... à propos de nos deux adjoints, j'en ai de drôles à vous conter.

TOUTES, *se rapprochant.*

Quoi donc?... quoi donc?...

SUZANNE.

Je viens de les rencontrer tout à l'heure... Est-ce qu'ils ne m'ont pas fait une déclaration?

TOUTES.

Tous les deux!

**SUZANNE.**

Tous les deux... J'étais absolument comme Suzanne, ma patronne, entre les deux vieillards...

Air : *J'ai vu le Parnasse des dames.*

Tous les deux m'faisaient des tendresses,
En soupirant à qui mieux mieux ;
Tous les deux m'faisaient des promesses :
Ils dev'naient vraiment dangereux.
Par tous les deux j'étais pressée,
Dans leurs yeux l'amour éclatait...
Je suis encore embarrassée
Pour dir' quel était le plus laid.

**TOUTES,** *riant.*

Ah ! ah ! ah ! ah !

**CATOIS,** *à part.*

Quel rôle joue-je ?...

**COQUELIN,** *de même.*

Suis-je assez ravalé !

**SUZANNE.**

Ça n'est pas tout... c'qui est ben plus farce, c'est qu'madame Catois...

**TOUTES.**

Madame Catois ?...

**CATOIS,** *à part.*

Voilà mon épouse sur le tapis.

**SUZANNE.**

Elle fait aussi des siennes... oui, elle en conte à mon Falampin.

**CATOIS,** *à part.*

Qu'apprends-je ?

**COQUELIN,** *riant, à part.*

Ah ! mon collègue !...

**GOTHON.**

Ça n'm'étonne pas... elle est bien connue dans l'pays, l'adjointe.

Air : *Courant de la blonde à la brune.*

C'est une maîtresse femme
Qui fait aller son mari ;
On sait ben que la bonne ame
Vous a plus d'un bon ami.

**BOULOTTE.**

Quoiqu'ell' fasse la modeste,
Rien n'put jamais l'arrêter ;
Sa conduite est un peu leste,
Car ell' s'en est fait conter
(*très vite.*)
Par Nicolas.

GOTHON.

Par Lucas.

MADELAINE.

Par Thomas.

SUZANNE.

Par Bastien.

BOULOTTE.

Par Julien.

TOINETTE.

Par Leroux.

GOTHON.

Par Macloux.

MADELAINE.

Par Raimond.

BOULOTTE.

Par Edmond.

GOTHON.

Par Michel.

BOULOTTE.

Par Marcel...

SUZANNE.

On n'connaît pas le reste.

CATOIS, *à part.*

Quelle horreur!... quelle horreur!...

TOUTES, *riant.*

Ah! ce pauvre père Catois!...

SUZANNE.

Allons, mesdemoiselles, à l'eau!

(*Elles commencent à ôter leurs cornettes, leurs fichus.*)

CATOIS, *à part.*

Ah! enfin...

COQUELIN, *à part, tirant une grande lunette de sa poche.*

Vite, mon télescope!...

GOTHON, *à Suzanne.*

Suzanne... dénoue-moi mes cordons...

SUZANNE.

Attends... je défais ma cornette.

(*Boulotte et Toinette sont allées se déshabiller auprès du banc; on les entend se disputer.*)

BOULOTTE.

Je te dis que si!

TOINETTE.

Je te dis que non!

SUZANNE.

Eh bien?... eh bien, mesdemoiselles?... on se dispute?...

TOINETTE, *mettant son pied sur le banc.*

C'est vrai aussi, c'te Boulotte veut me soutenir qu'elle a la jambe mieux faite que moi.

TOUTES, *riant.*

Ah! ah! ah!

BOULOTTE, *mettant son pied à côté de celui de Toinette.*

Dame! mesdemoiselles, je vous en fais juges.

GOTHON, *prenant un bout de ruban.*

Écoutez... il y a un bon moyen de savoir la vérité, c'est de mesurer...

TOUTES, *excepté Suzanne.*

C'est ça!... mesurons!

CATOIS, *à part.*

A merveille!

COQUELIN, *de même.*

Je vais bien voir tout de suite...

SUZANNE.

Mesdemoiselles, si nous perdons du temps comme ça, la nuit viendra, et nous ne pourrons plus nous baigner.

TOINETTE.

Elle a raison... à l'eau!.. à l'eau!

SUZANNE, *à Madelaine qui tâte l'eau au fond.*

Dis donc, Madelaine, l'eau est-elle bonne?

MADELAINE, *du fond.*

Excellente!... c'est une vraie lessive.

SUZANNE.

AIR *des Fileuses* (Ch. Tolbecque ).

Allons, n'soyons pas frileuses;
L't'emps est beau,
Mettons-nous à l'eau.
A l'eau, gentilles baigneuses :
Un bain frais
A tant d'attraits !

Grace à l'arrêté fort et sage,
N'craignons rien : dans ce bosquet,
Aucun garçon du village
N'os'ra s'montrer indiscret ;
Plus de regard indiscret.

CHŒUR.

Allons, ne soyons pas frileuses, etc.

*(En ce moment, Coquelin laisse échapper son télescope, qui tombe sur la tête de Catois, qui s'avance hors le creux de l'arbre.)*

CATOIS, *criant.*

Ah !... là ! là !...

TOUTES, *poussant un cri d'effroi et ramassant leurs effets.*

Ah !... qu'est-ce que c'est que ça ?... Sauve qui peut !... au loup-garou !... (*Elles se sauvent en désordre, tenant leurs souliers à la main et emportant leurs effets.—La nuit vient par degrés.*)

# SCENE XVI.

### CATOIS, COQUELIN.

#### CATOIS.

Ah ! mon Dieu !... les voilà toutes envolées !... Mais qu'est-ce qui m'est donc tombé sur la tête ?... j'ai une horrible bosse. (*regardant à ses pieds.*) Eh !... je ne me trompe pas... c'est la lorgnette du père Coquelin... (*regardant l'arbre.*) Comment, compère, vous étiez là ?

COQUELIN, *descendant de l'arbre.*

Dame ! vous y êtes bien, vous ?

CATOIS.

Moi, c'est différent... je venais faire la chasse aux délinquans.

COQUELIN.

Allons, allons, compère, pas de mauvaises raisons ; nous savons à quoi nous en tenir.

CATOIS.

Vous avez fait là un beau chef-d'œuvre avec votre télescope. Maladroit ! (*Se frottant le front.*) Quelle bosse ai-je !...

COQUELIN.

Ah ! çà, croyez-vous qu'on nous ait reconnus ?

CATOIS.

Ma foi, j'espère que non. ( *En ce moment, on entend battre la générale.*)

COQUELIN.

Qu'est-ce que c'est que ça ?

CATOIS.

C'est la générale... Ah ! mon Dieu ! ces petites sottes ont donné l'alarme.

COQUELIN, *allant à la porte de l'enclos, à gauche.*

Sauvons-nous !... Cette porte est fermée...

CATOIS, *allant à droite.*

Voyons, par ici... (*On entend le tambour à droite.*) Pas moyen, nous sommes cernés.

COQUELIN.

Pris comme dans une souricière !...

CATOIS.

Quel scandale si on nous trouve ici ! nous, les premières autorités de l'endroit !

COQUELIN, *tremblant.*

On va tirer sur nous comme sur le loup-garou... Que faire ?

CATOIS, *de même.*

Allons donc , compère , ne tremblez pas comme ça... (*écoutant.*) On approche.

COQUELIN.

Où nous cacher ?

(*Ils courent çà et là dans le plus grand trouble.*)

CATOIS.

Il n'y a p lus qu'un moyen : jetons-nous à l'eau !

COQUELIN.

Par exemple...

CATOIS.

Oui ; au milieu des roseaux ; on ne viendra pas nous chercher là... Allons, compère, habit bas.

(*Ils vont, tout en ôtant leurs habits, derrière le buisson de roseaux au fond ; on n'aperçoit plus que leurs têtes. On les voit poser sur les roseaux leur habillement, pièce à pièce , habit, veste , culotte, chemise.*)

COQUELIN, *se déshabillant.*

Voilà une aventure...

CATOIS, *de même.*

Infernale.

COQUELIN.

Moi qui ai un rhumatisme !

CATOIS.

Et moi la goutte.

COQUELIN.

Maudite curiosité !

CATOIS.

Je vas attraper la coqueluche, c'est sûr.... Ah ! mon Dieu ! mon Dieu !... y êtes-vous ?

COQUELIN.

M'y voilà.

CATOIS.

A l'eau, compère !

COQUELIN.

Aïe ! aïe ! que c'est froid !

CATOIS.

Brr !... c'est une vraie glacière...

(*Ils entrent tout-à-fait dans l'eau, de façon qu'au milieu, au fond, on voit leurs têtes qui dépassent.*)

# SCENE XVII.

LES MÊMES, **FALAMPIN**, *entrant, tenant son fusil en avant.*

**FALAMPIN.**

C'est tout d'même hardi c'que je fais là... Ah! bah! je suis crâne; j'ai pas peur des loups-garous. (*Catois et Coquelin font du bruit. — Avec frayeur.*) Qu'est-ce qui est là? hein!... Ah! c'est rien; c'est des canards qui barbottent. S'ils bougent, je tire dessus. (*Même bruit. — Les têtes de Catois et Coquelin qui s'étaient montrées disparaissent à ces mots.—Allant vers le fond.*) Oh! c'te fois il a r'mué... Attends, attends, mon gaillard, j'te vas parler. (*Il s'avance avec précaution vers les roseaux, le fusil en avant, et se trouve vis-à-vis des habits des deux adjoints.*) Tiens! qu'est-ce que c'est que ça? (*Il prend les deux culottes et en met une sous son bras; il examine l'autre.*) Mais, je ne me trompe pas; c'est la culotte du père Catois... Comment!... est-ce que c'est lui qui serait le loup-garou?... Ah! elle serait bonne!

# SCENE XVIII.

LES MÊMES, **MADAME CATOIS**, *entrant mystérieusement.*

**MADAME CATOIS,** *appelant.*

Falampin, es-tu là?

**CATOIS,** *à part.*

Ma femme! Ah! çà, c'est donc un rendez-vous?

**COQUELIN,** *de même.*

Bougez pas, compère.

**FALAMPIN,** *examinant la culotte.*

C'est bien la sienne... Ah! c'est vous, ma'me Catois.

**MADAME CATOIS.**

Oui.

**FALAMPIN,** *à part.*

Ah! père Catois, vous allez me payer le coup de sabot. (*haut.*)

AIR: *Ah! mon ami Thomas!*

Me v'là près de vous,
O superbe femme!
Qu'un baiser bien doux
Soit l'prix de ma flamme.

**MADAME CATOIS.**

Falampin, finissez;
Vous m'offensez, sur mon ame;
Falampin, c'est assez...
Ah! comme vous me pressez!

(*Il l'embrasse à plusieurs reprises.*)

CATOIS, criant.

C'en est trop!

MADAME CATOIS, poussant un cri perçant.

Ah! (Elle s'enfuit.)

FALAMPIN, le fusil au bras.

Qui va là?

# SCENE XIX.

## CATOIS, COQUELIN, FALAMPIN.

CATOIS, toujours dans l'eau.

Misérable!

FALAMPIN, d'un air moqueur.

Tiens, c'est vous, père Catois?

CATOIS.

Oui, c'est moi.

COQUELIN.

Oui, c'est nous.

FALAMPIN.

Et le père Coquelin aussi! qu'est-ce que vous faites donc là? vous pêchez des grenouilles?

CATOIS.

Scélérat! fais ton narquois.

FALAMPIN.

Pourquoi que je ne le ferais pas mon narquois?

CATOIS.

Qu'est-ce que tu disais à ma femme?

COQUELIN.

Oui, qu'est-ce que tu disais à sa femme?

FALAMPIN.

Ça n'vous regarde ni l'un ni l'autre; ce sont des affaires à moi.

COQUELIN.

Rends-nous nos culottes.

FALAMPIN.

Vous voulez vos... avec plaisir; venez les chercher, et faisons nos conditions.

CATOIS.

Ah! scélérat, tu abuses de ta position!

COQUELIN.

Tu veux nous rendre la fable du pays!

CATOIS.

Enrhumer ainsi des autorités!

TOUS DEUX, disparaissant.

Attends, attends.

**FALAMPIN.**

Venez donc les quérir vos...(*à part.*) J'suis curieux de voir la toilette qu'ils vont faire pour sortir de là. (*apercevant Catois et Coquelin qui entrent en scène enveloppés chacun d'un drap de lit, qui séchait sur les roseaux.*) Dieu ! que vous êtes gentils comme ça !

**TOUS DEUX,** *grelottant.*

Ah ! quelle aventure !

**CATOIS.**

Comment, coquin, tu ne rougis pas...

**FALAMPIN.**

Un instant, mes adjoints ; vos z'hardes sont en mon pouvoir ; faut capituler.

**COQUELIN,** *à part.*

Le coquin a raison !

**FALAMPIN.**

*Primo* et *d'un :* vous me donnez Suzanne pour épouse...

**CATOIS.**

Va au diable !

**FALAMPIN.**

C'est pas encore tout ; il m'faut la place de garde-champêtre en pied.

**CATOIS.**

Tu ne l'auras pas.

**FALAMPIN.**

Alors point de culottes : tout le village va venir, je dirai que vous êtes les loups-garous, et gare la danse !

**COQUELIN.**

Il le fera comme il le dit.

**FALAMPIN.**

Ah ! ah ! mes amours d'adjoints...

Air *de la Sentinelle.*

Vous nous vantiez chaqu' jour, à tout propos,
Vot' probité, vot' conduite si sage ;
Vous appeliez rebell's et bousingots
  Tous les garçons de ce village.
Mais à mon tour je vous tiens maintenant ;
F'rez-vous encor les tyrans, les despotes ?
  Fonctionnair's du gouvernement,
  Vous n'êtes plus en ce moment
  Qu'des autorités sans culottes,
    Des sans-culottes.

Ahé ! ah ! ahé !

**FALAMPIN.**
Entendez-vous, v'là tout le village, vous allez la danser.

COQUELIN, *tremblant.*
Ah ! mon Dieu ! Falampin, viens à notre secours.

CATOIS, *de même.*
Nous ferons tout ce que tu voudras.

**FALAMPIN.**
Voilà parler... à la bonne heure.

# SCENE XX.

LES MÊMES, L'ESCARGOT, MADAME CATOIS, SUZANNE, MADELAINE, GOTHON, BOULOTTE, TOINETTE, JEUNES FILLES ; *deux paysans avec des torches allumées,* PAYSANS, PAYSANNES, *etc. , etc.*

CHŒUR.

AIR *de la Cenerentola.*
Point de clémence !
Point d'indulgence !
Tirons vengeance
Des loups-garous !
Ils faut qu'ils tombent          (*bis.*)
Et qu'ils succombent
Sous nos coups.

TOUS.
Les v'là, les v'là.

**FALAMPIN.**
Eh ! eh ! les habitans, arrêtez ! Imbéciles, vous ne reconnaissez pas vos magistrats. (*bas à Catois.*) Mettez votre écharpe.

L'ESCARGOT.
C'est, ma foi, vrai, le père Catois et le père Coquelin.

MADAME CATOIS.
Notre homme !

SUZANNE, *riant.*
Ah ! ah ! ah ! sont-ils farces comme ça ; mais qu'est-ce qu'ils faisaient donc là ?

**FALAMPIN.**
Ah ! voilà ! qu'est-ce qu'ils faisaient ?... je vas vous l'dire moi...

CATOIS *et* COQUELIN, *le tirant par l'habit.*
Falampin !...

FALAMPIN, *à mi-voix.*

Soyez donc calmes, je vous protége. (*haut.*) C'est encore un tour de ce brigand de loup-garou ; il a mis nos malheureux adjoints dans l'état où vous les voyez.

TOUS.

Si c'est possible !...

FALAMPIN.

Il leur faisait les cent dix-neuf coups. Heureusement que je suis arrivé, sans ça ils étaient dévorés.

TOUS.

Oh !

FALAMPIN.

Et, pour prix de ma belle action, nos adjoints, ici présens, me comblent de bienfaits : le père Catois me donne la main de Suzanne...

SUZANNE, *avec joie.*

Si c'est possible !

FALAMPIN.

La place de garde-champêtre... cent cinquante écus...

CATOIS.

Cent !...

FALAMPIN.

Deux cents ; je veux bien... plus, une vache, trois chèvres, cinq poules et un tonneau de cidre. Le père Coquelin fait assaut de générosité avec son collègue, il m'habille à neuf pour le jour de mes noces, et me donne une timbale et six couverts d'argent.

CATOIS *et* COQUELIN, *à Falampin.*

Mais, malheureux !...

FALAMPIN.

Non, vous avez beau dire, autorités généreuses, je n'accepterai rien de plus.

COQUELIN, *bas à Catois.*

Allons, compère, faut en passer par là.

CATOIS, *bas à Falampin.*

Eh bien ! nous consentons à tout.

FALAMPIN.

A cette condition, rentrez dans vos hardes. (*à part.*) Enfoncés les adjoints ! (*Il leur rend leurs culottes.*)

TOUS.

Vive le père Catois ! vive le père Coquelin !

FALAMPIN.

Ah ! à propos, j'oubliais... toujours rapport aux corbeaux d'à c' matin : voyez comme on fait des menteries ; dire que ce malheureux père Bilois avait un corbeau dans le corps ! j'ai vu le médecin, il n'y a pas un mot de vrai.

**BOULOTTE.**

Mais enfin?...

**FALAMPIN.**

Le père Bilois n'avait pas le moindre corbeau dans le corps ;
seulement le médecin a dit, en le regardant : Ah ! le pauvre
homme ! il a le visage noir comme un corbeau.

**TOUS**, *riant.*

Ah ! ah ! ah !

**CHŒUR.**

Air *de l'École de Brienne.*

Chantons le mariage
De ces heureux époux ;
Ici tout leur présage
Le destin le plus doux.

**CATOIS.**

Air *de Masaniello.*

Compère, auprès des demoiselles
A présent, faut fair' le plongeon ;
Si pour nous l'amour a des ailes,
Ce n'sont plus qu'des ail's de pigeon.
Consolons-nous, car sous la treille
Nous attend un plaisir nouveau.
Faisons la cour à la bouteille,
Et dans not' vin n'mettons pas d'eau

**MADAME CATOIS.**

Monsieur Catois, dans sa jeunesse,
Passait pour un joli buveur ;
Il a fait plus d'une prouesse,
On citait même sa valeur.
A présent la soif le dévore ;
Mais il est très faibl' du cerveau :
Il boit de temps en temps encore,
Mais dans son vin il met bien d'l'eau.

**FALAMPIN.**

On dit qu'à Paris, la grand' ville,
Y a des fêt's que c'est merveilleux ,
Et qu'un navire à domicile
Sur le quai charme tous les yeux.
Il paraît, en dépit des gloses ,
Qu'c'est tout d'même un fameux vaisseau :
Il est fait pour tout's sort's de choses...
Excepté pour aller sur l'eau.

SUZANNE, *au public.*

Sortant du bain, toutes tremblantes,
Mes compagn's m'prenn'nt pour député;
Que les dames soient indulgentes
Pour ce petit tableau d'été.
Messieurs, nos jeun's fill's sont peureuses;
Rassurez-les par un bravo,
Afin qu'on n'dis'pas qu'les Baigneuses
Ce soir vienn'nt de tomber dans l'eau.

*Reprise du chœur.*

Chantons le mariage, etc.


FIN.

# MISE EN SCÈNE.

### NOTE POUR LE MACHINISTE.

Au fond, au milieu, le théâtre doit être creusé de deux à trois pieds carrés, de manière à ce que l'on puisse descendre entre deux bandes d'eau. A droite et à gauche, au fond, au bord de l'eau, deux buissons de roseaux. Le buisson à gauche, a de trois pieds et demi à quatre pieds. A droite, une palissade ferme le côté. Au milieu de la palissade, une porte rustique. Du même côté, sur le second plan, un arbre creux. A gauche, un banc de gazon, au premier plan.

Suzanne est assise sur le banc à gauche (1); Madelaine et une autre blanchisseuse sont à droite, près de l'arbre, à tordre du linge et à le placer dans un baquet. Gothon et Boulotte étendent leur linge sur les roseaux; Toinette et une autre sont au fond à laver.

Après le premier mouvement de scène, Suzanne prend le milieu pour chanter son couplet, ayant à sa gauche Gothon et Toinette, à sa droite Boulotte et Madelaine.

Falampin arrive de la droite; toutes les blanchisseuses vont vers lui; il se place à la droite de Suzanne.


(1) La gauche et la droite sont celles des acteurs.

Les blanchisseuses sortent par la droite.

Falampin reste en scène à la droite de Suzanne.

Madame Catois entre, venant de la droite, et se place au milieu.

Les paysans viennent de la gauche.

*Position des personnages, prise de la gauche.*

Deux blanchisseuses, Toinette, Gothon, Suzanne, madame Catois, Falampin, le tambour, Boulotte, etc.

Les paysans sortent par où ils sont venus.

Madame Catois reste en scène, ayant Falampin à sa droite. Elle sort par la droite.

Sortie de Falampin par la droite, au moment de l'entrée des deux adjoints, qu'il fait pirouetter.

Catois a Coquelin à sa gauche.

Suzanne arrive de la droite et tient le milieu de la scène; elle sort par où elle est venue.

Les deux adjoints feignent de sortir, Coquelin à droite, Catois à gauche; ce dernier rentre immédiatement, et, après avoir chanté, va se placer dans le creux de l'arbre. Coquelin rentre en scène et monte sur le même arbre.

Entrée des baigneuses par la gauche.

Entrée de Falampin et de Suzanne par la droite. Tous deux prennent le milieu de la scène.

Falampin sort par la droite.

Les baigneuses se replacent comme précédemment; puis, un peu avant le couplet : *Allons, n'soyons pas frileuses,* Madelaine va au fond tâter l'eau. Pendant ce couplet, elles se déshabillent à moitié; au cri de Catois elles se sauvent par la gauche en criant.

Coquelin descend de l'arbre; bruit de tambour.

Les deux adjoints vont se déshabiller derrière le buisson de roseaux, à gauche, au fond. Ils placent sur ces buissons leurs habits pièce à pièce, jusqu'à la chemise.

Coquelin descend le premier dans l'eau, au fond; Catois le suit.

Falampin entre par la gauche, ainsi que madame Catois qui se tient à la gauche de Falampin. Elle sort par la gauche.

Coquelin et Catois sortent de l'eau et passent derrière les roseaux pour se couvrir des draps qui sèchent sur un arbre, au fond, à gauche.

Ils descendent le théâtre à gauche. Falampin est à leur droite.

Tous les villageois arrivent par la gauche.

*Dernière position des personnages, prise de la gauche.*

Coquelin, Catois, Falampin, madame Catois, Suzanne, Boulotte, Gothon, etc.